MW01482071

Los mejores chistes de médicos

© 2011, Ediciones Robinbook, s. l., Barcelona
Diseño de cubierta: Regina Richling
Ilustración de cubierta: iStockphoto
Diseño interior: Media Circus

ISBN: 978-84-9917-102-9
Depósito legal: B-5.782-2011

Impreso por Gràfiques92, S.A., Avda. Can Sucarrats, 91,
08191 Rubí
Impreso en España - *Printed in Spain*

¿Qué me pasa, doctor?

En la sala de espera...

—¿Dónde vas tan deprisa? —le pregunta un amigo a otro a la salida de la consulta del médico.

—Mi suegra, que se ha quedado ciega.

—¿Y te la llevas a urgencias?

—Me ha dicho el doctor que directos a Endesa. Voy a cortar la factura de la luz ¡para poder pagar la suya!

Dos amigos se encuentran en la sala de espera de un hospital.

—¿Qué tal Antonio, qué haces aquí?

—Pues que hace una semana me operaron del apéndice y el médico me dejó una esponja dentro.

—Y ¿te duele mucho?

—La verdad es que no, pero vengo a que me la quiten porque me da una sed...

Dos hombres en la sala de espera del ambulatorio:

—A ver si me atiende ya el médico. Estoy muy confuso, mi mujer tiene muchos pelos en las piernas y no sé qué hacer.

—¡Ah! Con que así está la cosa... —responde pensativo el otro hombre.

—No, «la cosa» está mucho peor.

Un amigo espera a otro en la consulta del médico. Al verlo salir pálido y triste, se acerca deprisa, temiendo lo peor, y le pregunta:

—¿Qué te ha dicho?

—Me ha quitado el alcohol, el tabaco y las drogas.

—Pero ¿esto es el médico o la aduana?

☙

Una mujer espera a su marido a la salida del médico. Cuando por fin sale, ve que camina con las piernas arqueadas y extrañada le pregunta:

—Pero ¿qué te ha hecho el doctor, Paco?

—No me ha hecho nada, solo me ha dicho que tengo el colesterol alto.

—¿Y eso qué tiene que ver con que camines de esa forma?

—Pues que me ha dicho que los huevos ni tocarlos.

☙

Dos niños están sentados en la sala de espera de un ambulatorio. Al ver que uno está llorando, el otro le pregunta por qué llora.

—Porque me van a hacer un análisis de sangre.

—¿Y tienes miedo?

—Sí, porque mi hermano me dijo que te pinchan en la punta del dedo con una aguja.

Al oír esto, se pone a llorar también, y el otro le pregunta:

—¿Tú también vienes a sacarte sangre o qué?

—No, lo mío es un análisis de orina.

ॐ

Un hombre entra corriendo en un taxi.

—Lléveme al hospital más cercano, ¡deprisa!

—¿Qué le ha pasado? —le pregunta el taxista mientras emprende la marcha.

—Que me he tragado el hueso de una aceituna.

—¿Y va por esa tontería?

—Bueno... tendrán que sacármelo.

—Tonterías, mire, el otro día estaba durmiendo la siesta en el sofá con la boca abierta, mi hija la mediana quería escuchar música y al abrir el tocadiscos salió la aguja volando hacia mi boca y me la tragué, pero como ve, ¡no me ha pasado nada!... ¡No me ha pasado nada!... ¡No me ha pasado nada!... ¡No me ha pasado nada!... ¡No me ha pasado nada!...

ॐ

En la sala de espera de maternidad, un padre primerizo aguarda nervioso a que le traigan noticias. Una enfermera sale del paritorio y tras hablar con él, el hombre se desmaya y cae al suelo. Un médico que pasaba por allí le pregunta a la enfermera qué ha ocurrido; y ella le dice:

—Es que pensé que me estaba preguntando la hora y le dije: «Cinco y cuarto».

Al salir de la consulta una mujer se dirige muy enfadada a su marido que la estaba esperando en la sala de espera:

—¡Esto es el colmo!

—¿Qué ha pasado, querida?

—El médico ha insinuado que estoy gorda.

—¿Seguro?

—Me ha dicho «abra la boca y diga muuuu».

Un hombre llega al hospital y en la recepción le dice a la enfermera:

—Perdone, necesito que me vea un médico, me ha entrado un cuerpo extraño en el ojo y me molesta muchísimo.

—No se preocupe, vaya a la sala de espera que enseguida le atiende el doctor.

Al cabo de un rato, la enfermera va a la sala de espera y dice:

—El hombre del cuerpo extraño, pase por favor.

En ese momento un jorobado que leía una revista se levanta y dice muy molesto:

—Oiga, que tengo nombre.

⅏

En invierno, con tanta gripe, un centro de salud estaba tan saturado que tuvo que venir Jesucristo a hacer alguna que otra sustitución. En su primer día como médico de cabecera, entra un paciente en silla de ruedas y Jesucristo, muy profesional, le pregunta:

—¿Qué le ocurre, buen hombre?

—Que no puedo caminar.

—Levántese y ande.

—Es evidente que no puedo.

—¡He dicho que se levante y ande!

El hombre se levanta y sale caminando y muy enfadado de la consulta. Al verlo otro paciente, le pregunta:

—¿Qué tal el nuevo médico?

—¡Bah! Igual que todos, ni me ha mirado.

En la sala de espera de la consulta del ginecólogo, cinco señoras comienzan a discutir sobre cuál pasará primero.

—¡Oiga, señora, que yo he llegado antes!

—¡No sea descarada que yo llevo aquí casi una hora!

—¡Anda ya! Yo tenía hora para las doce en punto.

Al escuchar el escándalo que estaban formando, el médico sale de la consulta:

—A ver, señoras, ¿qué coño pasa?

—¡El mío, el mío, el mío!

Un matrimonio acude a su médico de cabecera para solucionar sus problemas sexuales.

En la consulta, el doctor les indica que debe hablar con ellos por separado, así que el marido se sienta en la sala de espera mientras la mujer se queda hablando con el médico:

—Dígame, señora, ¿tiene usted orgasmos?

La mujer se queda pensativa durante un momento, se levanta, abre la puerta de la consulta y le dice a gritos a su marido:

—¡Carloooooos! ¿Nosotros qué teníamos, Orgasmos o Adeslas?

Dos amigos se encuentran en la sala de espera del hospital.

—¿Qué tal, Pepe, sales ahora del médico?

—Sí, hijo.

—¿Y qué te ha recetado?

—Lo de siempre, mucha bicicleta.

—¿Funciona?

—¡Nah! Ya me he comprado tres y sigo igual.

Una señora va con su hijo pequeño al centro de salud y en la sala de espera se encuentra con su vecina.

—¿Qué te trae por aquí, Lola?

—El niño, que no habla.

—¿Has probado a lavarle la cara? Ya verás como aparece la boca.

Dos amigos se encuentran a la salida del médico.

—¿Qué tal ha ido la revisión?

—Fatal, no me funciona un riñón, tengo la columna desviada, mi corazón padece arritmia, tengo una úlcera de estómago y el colesterol por las nubes.

—Vaya... ¿y de cintura para abajo?

—Como un niño: me cago y me meo...

Un señor mayor que en sus tiempos mozos fue un revolucionario, y a mucha honra, se encuentra con su vecino en la sala de espera del ambulatorio.

—¿Qué hace usted aquí, don Matías?

—Pues que soy tan revolucionario, tan revolucionario que me han diagnosticado canciones de protesta.

—Pobre don Matías, además de tener cáncer de próstata, sordo.

&

Una mujer que espera a su marido a la salida del médico, le pregunta cuando sale:

—¿Qué te ha recetado, querido?

—Esta cajita, me tengo que poner uno por la mañana y otro antes de acostarme.

—Pero ¿dónde te lo tienes que poner?

—No me lo ha dicho...

—Pero hombre, vuelve a la consulta y que te lo diga.

Cuando vuelve:

—Vale, me lo tengo que poner en el recto.

—¿Qué es eso?

—No tengo ni idea.

—Pues vuelve y pregúntale.

Al poco rato:

—Es el ano, me lo tengo que poner en el ano.

—¿Qué es el ano?

—¿No lo sabes tú?

—¿Yo? Qué voy a saber yo lo que es el ano. Anda, entra y entérate bien de todo que pareces un crío.

—Pero mujer, que ya le he interrumpido demasiado, a ver si se va a enfadar.

—¿Cómo se va a enfadar? Te lo tiene que explicar bien, que para eso es el médico. Además, si no te lo cuenta no te vas a curar nunca.

El hombre vuelve a entrar en la consulta del médico de mala gana y cuando regresa:

—¿Ves? Te dije que se iba a molestar, ¡me ha dicho que me los meta por el culo!

Un hombre recorre nervioso la sala de espera de pediatría; al ver a una enfermera se acerca y le dice:

—¿Cómo está el niño que se ha tragado la moneda de dos euros?

—Fatal... sigue sin dar cambio.

Diga treinta y tres...

—Doctor, creo que estoy muy grave: tengo líquido en las rodillas, mis cataratas empeoran, me da la gota a menudo y todo apunta a un derrame cerebral. ¿Qué puedo hacer?

—Consulte a un fontanero.

Un hombre entra en la consulta, y el doctor le pregunta por qué está allí.

—Vengo a ver si le receta algo a mi hija, que no ha podido venir. Tiene una gripe que ni se menea.

—Pero su hija ¿esputa y excrementa?

—Puta sí es, pero no escarmienta.

La señora García vuelve al médico una semana después de su primera visita:

—Verá, doctor, creo que la testosterona que me recetó la semana pasada está teniendo unos efectos secundarios bastante preocupantes.

—¿Qué clase de efectos secundarios?

—Bueno... me está creciendo abundante vello en sitios donde nunca antes me había salido.

—No se preocupe, señora García, es un efecto secundario normal y pasajero de la testosterona, así que puede estar usted tranquila.

—Si eso lo sé, lo que me preocupa es que el vello me ha salido en los testículos...

⚶

—¡Ay doctor! Estoy muy enferma, me duele todo el cuerpo y no sé qué me pasa —le dice una anciana al médico.

—A ver, doña Vicenta, siéntese en la camilla con cuidado y quítese la ropa que la voy a examinar.

—Se lo agradezco, doctor, es que ya no aguanto más. Ojalá pueda curarme.

—Claro, doña Vicenta, pero ahora guarde silencio. Lo único que tiene que hacer es decir treinta y tres cada vez que le ponga el estetoscopio, ¿de acuerdo?

La señora asiente y el médico comienza a auscultarla por la nuca mientras ella dice treinta y tres y así continúa hasta que llega a la parte más íntima de la mujer, pero entonces no dice nada.

—Doña Vicenta, tiene que decir treinta y tres.

—Uno, dos, tres, cuatro, cinco, seis...

Una señora acude a la consulta de un médico.

—Verá, doctor, por las noches tengo un terrible dolor en la pierna izquierda.

—No se preocupe, eso es perfectamente normal, es por la edad.

—No creo, porque la pierna derecha tiene los mismo años y la tengo como nueva.

En la consulta de un médico privado, el doctor escribe la receta y las indicaciones para una señora.

—Tenga usted, doña Maruja, tiene que tomarse estas pastillas dos veces al día y no olvide pagar la factura al salir: son cincuenta euros.

—¡Cincuenta euros por escribir dos líneas!

—Tenga en cuenta que para escribir estas dos líneas he tenido que estudiar más de diez años.

—Y ¿qué culpa tengo yo de que sea usted tan burro?

Un señor muy mayor y duro de oído entra en la consulta de su médico acompañado de dos mujeres negras.

—Doctor, por mucho que camine con las dos mulatas que me recomendó, sigo teniendo la rodilla fatal.

—¡Muletas, don Faustino! ¡Le dije muletas!

🐍

—Verá, doctor, hace dos semanas me levanté y vi que tenía un grano en la frente. No le di mayor importancia, pero a medida que pasaban los días fue creciendo más y más hasta que mi esposa me obligó a venir para que me lo viese usted.

—La verdad es que es un grano bastante extraño, así que le vamos a hacer unas pruebas y la semana que viene le daremos los resultados.

A la semana siguiente el doctor habla con el paciente:

—No me resulta fácil decirle esto...

—¿Qué me pasa, doctor, es grave, voy a morir?

—Tranquilo que no se va a morir, pero lo que le está creciendo en la frente es un pene.

—¿Un pene? Pero ¿cómo es posible? No podré volver a mirarme al espejo...

—Bueno, por eso no se preocupe, que como los testículos le taparán los ojos, no tendrá que verse.

—Doctor, ¿está usted seguro de que lo que yo tengo es pulmonía? Porque he leído casos en los que el médico dice que es pulmonía y el paciente muere de otra cosa.

—Puede estar usted tranquilo, le garantizo que cuando yo trato a un paciente de pulmonía, muere de pulmonía.

—Bien, señor Ramírez, el tratamiento es muy sencillo: tiene que tomarse esta pastilla roja con un vaso de agua todas las mañanas; a mediodía, la pastilla azul con otro vaso de agua; por la tarde, la pastilla verde con dos vasos de agua; y por la noche la blanca con otro vaso de agua.

—Pero ¿qué tengo, doctor?

—Está usted deshidratado.

—Doctor, me he tragado un boli.

—Pues use un lápiz.

—Bien, señora, por último siéntese en la camilla, mire hacia arriba y saque la lengua con la boca abierta.

La señora obedece y al cabo de un rato dice:

—Doctor, llevo diez minutos con la lengua fuera y usted ni me ha mirado.

—Es que quería escribir la receta tranquilo.

—Doctor, creo que necesito un lavado de estómago.

—Eso tendré que decidirlo yo, ¿no cree?

—De verdad, doctor, lo necesito con urgencia.

—¿Cómo lo sabe?

—Porque me salen pelotillas del ombligo.

—Doctor, no puedo dormir desde que me dejó mi mujer.

—Es normal que la eche de menos.

—No, si es que se ha llevado la cama.

🍥

—Doctor, estoy empachada de tanto bakalao.

—De acuerdo, tosa.

—¡Uh-há!

—¿Desde cuándo le ocurre?

—Desde chiquitán chiquititantantán que tumbamba que tumba que té...

🍥

—Doctor, últimamente mi marido está un poco decaído. Me gustaría que me recetase algo para que se ponga como un toro.

—Pues quítese la ropa y túmbese en la camilla que vamos a empezar por los cuernos.

🍥

—Buenos días, soy Raúl Soto y vengo a por los resultados de los análisis de mi mujer.

—Verá, señor Soto, ha habido una terrible confusión. Hemos mezclado los resultados de su mujer con los de otra paciente con el mismo apellido y ahora no sabemos a cuál corresponde cada uno.

—¿Qué quiere decir?

—Pues que una de las pacientes tiene Alzheimer y la otra sida, pero no sabemos cuál es el caso de su mujer.

—Y ¿qué hago yo ahora?

—Bueno, puede dejar a su mujer en el centro de la ciudad y si consigue volver a casa, no la toque.

—Señor García, ya tenemos sus resultados. Me temo que tengo una noticia buena y otra mala, ¿cuál prefiere escuchar primero?

—Supongo que la buena.

—Le ha crecido el pene cuatro centímetros.

—¡Qué alegría! Y ¿la mala?

—Que es maligno.

—Dígame la verdad, doctor, ¿cuánto tiempo me queda de vida?

—Tres, dos, uno...

Una mujer está muy preocupada porque su marido no responde cuando le habla. Temiendo que se trate de algo grave, decide llevarle al médico.

—Es como si no me escuchase, doctor, como si no me entendiese.

El doctor examina al hombre y cuando termina va a hablar con la mujer en privado.

—Me temo que su marido tiene un claro caso de OTA.

—¿Y eso qué quiere decir?

—Otitis Testicular Aguda: su marido la escucha pero le importa dos cojones lo que usted dice.

🐌

Un hipocondríaco va al médico.

—Doctor, estoy preocupado, mi mujer me ha engañado con otro y todavía no me han salido los cuernos... ¿Cree que será por falta de calcio?

Una mujer acude al médico con un terrible dolor de garganta.

—Bien, desnúdese.

—Pero, doctor, si únicamente me duele la garganta, no creo que...

—He dicho que se desnude.

La mujer obedece y el médico le dice:

—¿Ve ese espejo de ahí? Haga el pino justo delante.

La mujer, sin dar crédito a lo que está pasando, hace el pino y el médico se acerca, le abre las piernas y apoyando su barbilla en sus partes íntimas dice:

—Definitivamente, no me dejo perilla.

Una prostituta va al médico y señalándose la barriga dice:

—Doctor, quiero que me haga una raja justo aquí.

—Pero ¿por qué?

La mujer se señala entonces la vagina y dice:

—Porque me va muy bien el negocio y quiero abrir una sucursal.

—Doctor, tengo un dolor de estómago terrible.

—¿Qué fue lo último que comió?

—Ostras.

—¿Y se aseguró de que estaban frescas?

—¿Frescas? ¿Cómo sé yo si están frescas?

—Hombre, pues si al abrir las cáscaras huelen mal o tienen un color sospechoso.

—¡Ah! Que llevan cáscara...

—Doctor, estoy preocupadísimo, todo el mundo echa polvos menos yo...

—¿Y eso?

—No lo sé, yo echo una cosa asquerosa, blanca y pegajosa.

—Doctor, me he tragado una mosca, ¿qué hago?

—Tómese un vaso de insecticida.

Una pareja va al médico para solucionar sus problemas sexuales.

—Tienen que tener en cuenta que yo no soy sexólogo, en estos casos deberían acudir a un especialista.

—Pero, doctor, confiamos en usted. Si le parece bien vamos a hacer el amor en la camilla y así usted nos dice si ve algún problema.

La pareja se pone en faena y al terminar les dice el doctor:

—La verdad es que no detecto nada extraño. Ojalá yo pudiera tener un sexo tan bueno con mi mujer.

Pese a esto, la pareja volvió a la consulta durante las siguientes semanas, hasta que el médico se hartó y les dijo:

—¡Son ustedes unos pervertidos! No tienen ningún problema sexual, lo único que quieren es que alguien los mire mientras hacen el amor.

—Verá, doctor, el verdadero problema es que si mantenemos relaciones en mi casa nos puede pillar mi mujer; si lo hacemos en la suya, nos puede pillar su marido; y con la crisis no podemos permitirnos pagar un hotel. Así que ya que pagamos la Seguridad Social...

ॐ

—Doctor, a veces pienso que soy una polilla.

—Bueno, yo soy un simple médico de cabecera. ¿Por qué viene a mi consulta en vez de ir a la del psiquiatra?

—Porque en la suya hay tanta luz...

ॐ

—Doctor, estoy obsesionado, sigo creyendo que soy un mosquito.

—¡Largo de aquí chupasangre!

ॐ

—Doctor, creo que algo funciona mal en mi cabeza, tengo constantes déjà vu.

—¿No vino usted ayer?

🐍

—Doctor, desde que me puso a dieta estoy mucho más irritable.

—¿Por qué lo cree?

—Bueno, ayer sin ir más lejos le mordí la oreja a mi marido.

—¡Vaya! Con la de calorías que tiene eso...

🐍

Una mujer está en la cama con su amante cuando de pronto entra su marido en la habitación y sin pensárselo, coge una escopeta y le pega un tiro en los genitales al amante, que consigue escaparse y llegar a un hospital. Allí, el médico le dice:

—Esto tiene muy mala pinta, me temo que tendremos que amputarle el pene.

—¡No puede ser! Mire, doctor, soy un hombre rico, pagaré lo que haga falta con tal de no perder el pene.

—Hombre... yo no puedo hacer nada, pero tengo un amigo que tal vez le pueda ayudar.

—¿Sí? ¿Es un especialista?

—No, en absoluto, él toca la flauta.

—¿Y cómo me puede ayudar un flautista?

—Le enseñará a tapar todos los agujeros para poder mear sin salpicarse.

Una chica muy guapa y su madre entran en la consulta del médico. Al ver a la chica, el doctor le dice:

—Desnúdese.

—Pero, doctor...

—¿Quién es el médico aquí? He dicho que se desnude para que yo pueda examinarla.

—Es que la enferma es mi madre.

—¡Ah! Bien, en ese caso saque la lengua, señora.

Un médico está examinando a un alcohólico.

—No encuentro explicación para sus dolores de estómago, pero francamente creo que esto se debe a la bebida.

—Pues ya volveré cuando esté usted sobrio, doctor.

☕

—Doctor, se me está cayendo el pelo, ¿me puede dar algo para conservarlo?
—Sí, claro, aquí tiene una caja de zapatos.

☕

Una anciana entra en la consulta de su médico:
—Doctor, tengo muchos gases, aunque lo bueno es que ni huelen ni se escuchan. De hecho, mientras hablo con usted me acabo de tirar como veinte pedos y usted no se ha dado cuenta.
—Pues tómese estas pastillas y vuelva la semana que viene.
Una semana después la señora vuelve a ver al médico.
—Doctor, esas pastillas que me ha dado han empeorado mi situación, porque sigo tirándome tantos pedos como antes pero ahora sí que huelen...

—Bueno, ya hemos solucionado el problema de la sinusitis, ahora vamos con esa sordera.

≋

—Doctor, sigo sin poder dormir.

—¿Contó ovejas como le indiqué la semana pasada?

—Sí, conté 578.463.

—¿Y se durmió?

—No, cuando terminé de contarlas ya era hora de levantarse.

≋

—Me temo que su mujer tiene una infección masiva.

—Lo de la infección lo asumo, pero lo del IVA es pasarse un poco, ¿no?

≋

—Doctor, tengo complejo de fea.

—De complejo nada.

—Doctor, tengo un problema, pero me da mucha vergüenza contárselo.

—No se preocupe, señora, soy un profesional.

—Es que cuando me quito el sujetador, el pecho izquierdo comienza a subir.

—Dirá usted a bajar.

—No, no, comienza a subir.

—En ese caso tendré que examinarla, quítese la ropa, por favor.

La mujer se quita la camisa y el sujetador y el pecho comienza a subir. El doctor, atónito, le dice mientras se mira la entrepierna.

—Bueno, no es grave, pero parece contagioso.

—Doctor, quiero ser padre pero por mucho que lo intento no puedo.

—Ha venido usted al lugar adecuado, soy especialista en fertilidad y soluciono cualquier problema.

—Verá usted, es que tengo un testículo de madera y otro de metal.

—No se preocupe que todo tiene solución, de hecho, hace unos años uno de mis pacientes vino con el mismo problema y ahora tiene dos niños con los que me visita regularmente, ¿quiere que se los presente?

—¡Claro!

—¡Pinocho, Robocop! Venid a saludar a este señor.

⍦

—Señor López, acabo de examinar a su esposa y la verdad es que no me gusta nada su aspecto.

—A mí tampoco, pero su padre es rico.

⍦

—Doctor, tengo un hueso fuera.

—Pues dígale que pase.

⍦

—Doctor, tengo muchísimo pelo, por la cara, por la espalda, por el pecho, por los brazos... ¿Qué padezco?

—Padece uzté un ozito.

Un médico lee los resultados de un paciente y le dice:

—La verdad es que su enfermedad no me gusta nada.

—Pues no sabe cuánto lo siento, pero es la única que tengo.

—Doctor, un ciego quiere verle.

—Dígale que yo no hago milagros.

—Doctor, me he roto el brazo en varios sitios.

—Pues yo que usted no volvería a pasar por ellos.

—Doctor, no sé lo que tengo.

—Tómese estas pastillas: llevan en mi consulta varios meses y todavía no sé para qué son.

—Doctor, ¿se pueden tener hijos después de los cuarenta?

—Bueno, señora, creo que con cuarenta ya tiene suficientes.

—Hábleme de sus hábitos.

—Pues verá, me levanto con el canto del gallo, duermo como una marmota y ronroneo como un gato.

—En ese caso creo que debería examinarle un veterinario.

—Doctor, todo el mundo se ríe de mí.

—Pues hágase usted payaso.

—Doctor, tengo paperas.

—Pues tenga tres euros más y así ya tiene pa'plátanos.

—Doctor, llevo todo el día angustiado, noto que me falta el aire, tengo la cara congestionada y ya no sé qué hacer.

—¿Ha probado a aflojarse la corbata?

—Doctor, me he tragado un cuchillo y un tenedor.

—Pues no olvide lavarse las manos antes de comer con los dedos.

—Doctor, me tiemblan mucho las manos.

—Eso se debe a que bebe usted demasiado alcohol.

—¡Pero si lo derramo casi todo!

—Doctor, creo que estoy perdiendo la memoria.

—¿Otra vez?

🍂

—¿En qué puedo ayudarle?

—Verá doctor, creo que tengo un grave problema de halitosis... ¿Doctor? ¡¿Doctor?!

🍂

—Doctor, en ocasiones escucho voces.

—¿En qué ocasiones?

—Cuando cojo el teléfono, cuando enciendo la tele...

🍂

—Doctor, cuando hago el amor con mi esposa una vez siento mucho frío y la siguiente mucho calor, ¿qué me pasa?

—Que eso es lo que ocurre cuando se hace una vez en verano y otra en invierno.

🍂

—Doctor, creo que tengo complejo de perro.

—¿Desde cuándo?

—Desde que era cachorro.

—Doctor, cada vez que tomo café me duele el ojo derecho, ¿qué puedo hacer?

—¿Ha probado a sacar la cucharilla?

Un médico llama por teléfono a su paciente.

—Señor Ramírez, tengo una buena noticia y otra mala, ¿cuál quiere saber primero?

—La buena, claro.

—Según los resultados de sus análisis, le quedan veinticuatro horas de vida.

—¡¿Qué?! ¿Ésa es la buena noticia? Entonces ¿cuál es la mala?

—Que llevo intentando localizarle desde ayer.

—Doctor, tengo un problema.

—¿Qué le ocurre, don Antonio?

—A veces siento una burbuja que sube desde el intestino, por el esófago hasta la laringe; y cuando la tengo en la garganta y creo que voy a eructar, la burbuja vuelve a bajar por la garganta, la laringe, el esófago de

vuelta al intestino. Y además, ocurre repeti-
das veces. ¿Es grave?

—En absoluto, lo que le ocurre a usted es
el Síndrome del Pedo Confundido: con esa
cara de culo, el pedo no sabe por dónde salir.

ॐ

—Señor Gutiérrez, en los próximos meses
nada de fumar, beber, ir con mujeres, comer
en restaurantes caros, jugar a las tragaperras
o ir de vacaciones.

—¿Hasta que me recupere?

—No, hasta que ahorre lo suficiente para
pagarme lo que me debe.

ॐ

Un hombre muy enfermo espera su diagnóstico. Por fin, el médico abre la puerta de
la consulta con cara de afligido y le dice:

—Me temo que tendrá que ser fuerte,
caballero. Tiene usted el Síndrome de Mac-
Ferson.

—¿Y es grave?

—No lo sé, señor MacFerson.

Una chica con unos enormes pechos, acude a un centro de salud para hacerse una revisión. Cuando llega a la consulta, el médico le ordena que se desvista por completo y comienza a examinarla minuciosamente. Una vez terminada la revisión desde los pies hasta el último pelo de la cabeza, le dice a la chica con cara afligida y solemnidad:

—Me temo que voy a tener que decirle algo.

—¿Qué, doctor? —dice la chica asustada.

—Que se vista.

—Doctor, padezco un caso agudo de herpes, gonorrea, peste bubónica y sífilis.

—No se preocupe, le ingresaremos en una habitación especial y le pondremos una dieta a base de tranchetes.

—¿Tranchetes? ¿Eso me curará?

—No, pero es lo único que cabe por debajo de la puerta.

—Doctor, no puedo recordar nada.

—Vaya, ¿desde cuándo tiene este problema?

—¿Qué problema?

🐍

Un hombre entra en una consulta y nada más verlo el médico le dice:

—Usted lo que necesita principalmente es graduarse la vista.

—¡Pero si ni siquiera me ha examinado!

—Ni falta que hace, como dice el cartel de la puerta, esto es ginecología.

🐍

Un hombre llama por teléfono a su médico de cabecera.

—Hola, doctor, solo quería decirle que si un día de estos pasa cerca de mi casa, venga a verme por favor.

—Puedo ir ahora mismo si es una emergencia.

—No se preocupe, prefiero ahorrarle el traslado porque no es urgente.

—Pero ¿qué ocurre?

—Mi mujer, que se le ha encajado la mandíbula y no puede hablar.

§

Un veterinario acude al centro de salud para ver a su médico.

—¿Qué le ocurre?

—¡Ah, no! Así es demasiado fácil.

§

—Doctor, he tenido un accidente y no puedo caminar de lo que me duelen las piernas. Tiene que ayudarme.

—¿A ver? Nada, dentro de unos días estará usted trabajando otra vez.

—¡Qué bueno es usted, doctor! No solo me cura sino que además me ha encontrado trabajo.

§

—Doctor, tengo diarrea mental.

—¿Cómo lo sabe?

—Porque últimamente todo lo que se me ocurre resulta ser una mierda.

🐍

—Doctor, me duele la garganta.

—Quítese los pantalones y acérquese a la ventana mostrando sus genitales.

—¡Pero si solo me duele la garganta!

—Ya, pero los vecinos de enfrente me caen mal.

🐍

—Disculpe, doctor, ¿qué me había dicho, Virgo o Capricornio?

—Cáncer, le dije cáncer.

🐍

Un hombre muy obeso entra en la consulta del médico.

—Doctor, me gustaría saber si soy estéril.

—No, hombre, tú tienes que ser por lo menos Obélix.

🐍

Un doctor hablando con su paciente:

—Usted y yo tenemos mucho en común.

—¿Ah, sí? ¿Y eso, doctor?

—Yo soy cáncer con ascendente en libra...
Y usted no se libra de un cáncer ascendente.

Un hombre va preocupado al doctor por
un extraño malestar. El doctor le examina, le
hace varios análisis y le dice que tendrá en
poco tiempo los resultados.

Unos días más tarde, el hombre recibe
una llamada del doctor, que le dice:

—Perdone mi curiosidad, pero ¿de qué
signo es usted?

—Cáncer... ¿Por qué? —responde el paciente.

—¡Anda, mire qué coincidencia!

—¡Vaya, señor Martínez! Parece que
su *tos* está mucho mejor hoy.

—Sí, es que me he pasado toda la
noche practicando.

En la consulta, el paciente le muestra a su médico los resultados de sus análisis. El médico los analiza con cara de preocupación y le dice:

—Pues vamos a tener que mandarle hacer una plaquita...

—¿De tórax, doctor?

—No... De mármol.

—Doctor, ¿me puedo bañar con diarrea?

—Hombre, si le alcanza la mierda...

—Doctor, auscúlteme por favor.

—¡Ráspido, debajo de la casmilla!

—Oiga, doctor, cuando subo la pendiente para llegar a mi casa me fatigo muchísimo, ¿qué me aconseja tomar?

—Un taxi, señora.

—Doctor, sufro tanto con esta enfermedad que hasta preferiría morirme.

—Señora, ha hecho usted muy bien viniendo a verme.

Una mujer va al médico con su hijo y cuando llegan a la consulta, el médico dice nada más ver al niño:

—Señora, desnúdese y acuéstese sobre la camilla.

—Pero si yo no estoy enferma, doctor, es mi hijo.

—Ya, pero a su hijo le falta un brazo, una oreja, tiene la frente abombada, la nariz aplastada y es bizco. Le aseguro que vale más hacer uno nuevo que intentar reparar este.

—Doctor, soy asmática, ¿es grave?

—No, señorita, es esdrújula.

—Doctor, ¿qué puedo hacer para que mi hijo no se haga pis en la cama?

—Que duerma en el baño.

ꙮ

Un anciano entra en la consulta de un médico.

—¿Que le ocurre?

—Verá, doctor, es que llevo una temporada en que me fatigo muchísimo, más de lo normal.

—¿Y en qué nota usted que se cansa?

—Pues mire, al primero llego sin problema, al segundo más o menos, pero al tercero me empieza a faltar la respiración y cuando voy por el cuarto ya no puedo ni moverme.

El médico, asombrado, le pregunta:

—¿Cuántos años tiene?

—Setenta y seis.

—Hombre... y a su edad, ¿qué más quiere?

—¡Pues por lo menos llegar al quinto, que es donde vivo!

—Verá, doctor, esto es un poco embarazoso, pero es que tengo el pene naranja. ¿Podría decirme usted qué padezco?

—Es un poco extraño, la verdad. ¿Toma usted mucho huevo?

—No.

—¿Fornica usted con animales?

—No señor, no tengo relaciones, solo me masturbo.

—¿A qué horas del día?

—Pues sobre todo los viernes, que me empacho a Cheetos con la peli porno.

—Doctor, cuando tomo café no duermo.

—¡Qué curioso! A mí me pasa lo contrario, cuando duermo no tomo café.

—Doctor, tengo el pene muy grande.

—¿A qué ha venido, a curarse o a presumir?

౾

—Doctor, mi hijo se ha comido una ficha del parchís.

—Pues que cuente veinte.

౾

Una viejecita va al médico para confirmar si tiene Alzheimer y le dice al doctor:

—Doctor, ¿qué me puede decir de las pruebas?

Y el doctor le responde:

—Le tengo que dar una noticia mala y una buena. La mala es que tiene Alzheimer.

—¿Y la buena? —le pregunta la viejecita.

—Que dentro de un rato se le habrá olvidado.

౾

—Doctor, ¿cree usted que podré vivir veinte años más?

—Hombre, eso depende. ¿Usted acostumbra a salir de marcha con sus amigos?

—No, doctor.

—¿Bebe alcohol?

—Nada de nada.

—¿Fuma?

—Tampoco.

—¿Se sacia usted con exquisitas y abundantes comidas?

—Sigo una rigurosa y austera dieta.

—¿Tiene relaciones sexuales con regularidad?

—En absoluto.

—Entonces, ¿para qué narices quiere vivir otros veinte años?

—Doctor ¡estoy poseso!

—Querrá decir usted poseído.

—¡Pos eso!

Un hombre llega desfallecido al hospital.

—¡Pero hombre! ¿Qué le ha ocurrido?— dice el médico.

—Es que mi mujer quiere que estemos todo el día haciendo el amor y me deja medio muerto.

—Pues tómese estas vitaminas durante unos días y deje a su mujer de lado.

Al cabo de unas semanas, el hombre vuelve al hospital medio desmayado.

—¿No hizo caso de mis indicaciones?

—Sí, pero es que de lado le gusta más todavía.

—Doctor, tengo un desgarro en el tobillo.

—Pase detrás de la cortina, desnúdese y póngase a cuatro patas.

—Pero si solo es en el tobillo.

El paciente, desconcertado, hace caso al médico y se pone a cuatro patas. Entonces, el médico se acerca por detrás y comienza a darle mientras dice:

—Esto es un desgarro, lo que tiene usted en el tobillo es un esguince.

—Doctor, vengo a que me reconozca.
—Pues ahora mismo no caigo.

ॐ

Un médico llama de urgencia a su paciente para darle los resultados de sus pruebas. Cuando se encuentran le dice el paciente:

—¿Qué ocurre, doctor? Me ha sacado de una reunión importantísima.

—Lo siento, es que tengo que decirle algo muy importante.

—¿El qué? Venga, dígamelo deprisa que no me queda tiempo.

—¡Ah! Veo que ya le habían informado.

ॐ

Una madre lleva a su hijo al médico, porque con tres años solo sabe decir «mus». El doctor, al verle, saluda:

—¡Hola, pequeñín!

—Mus.

—¿Cómo dices?

—Mus.

—No hay mus.

—Envido.

—Cinco más.

—Órdago.

℘

—Pero, doctor, ¿qué es lo que tiene? —dice la madre, preocupada.

—Por lo menos tres reyes.

℘

—¿Qué le ocurre, jovenzuelo?

—Pues verá, doctor, que me quemé.

—¿Qué te queté?

℘

—Doctor, tengo unos ataques de tos terribles.

—Entonces tómese una dosis doble de este laxante.

—¿Laxante? ¿Eso me va a calmar la tos?

—No, pero verá como no se atreve a toser.

℘

—Doctor, me siento muy mal.

—Teniendo en cuenta que se ha sentado usted en la papelera...

℘

Una mujer acude al médico.

—Doctor, todo lo que como lo vomito, ¿qué puedo hacer?

—Siempre puede probar a comer por el ano.

—De acuerdo, lo intentaré.

Al día siguiente, en la oficina de la mujer.

—¡Vaya, Marisa! Qué andares tan sensuales.

—Es que estoy mascando chicle.

Un médico examina los resultados de su atractiva paciente y le dice:

—Me temo, señorita, que lo que usted padece es blenorragia.

—Y ¿qué es eso?

—Bueno, blenorragia viene del griego...

—¡Ese hijo de puta! ¡Me dijo que todos los análisis le habían ido bien!

Un joven se encuentra muy mal y decide ir al médico. Cuando llega a la consulta, éste le pregunta:

—¿Bebe usted alcohol?

—Sí, doctor.

—En ese caso tiene que ir a Alcohólicos Anónimos para que pueda dejarlo poco a poco.

—De acuerdo, doctor.

—¿Fuma usted?

—Sí, doctor.

—Bueno, no pasa nada, póngase parches de nicotina, le ayudarán a dejarlo poco a poco.

—Vale.

—¿Tiene usted relaciones sexuales con frecuencia?

—Sí.

—Pues nada, tiene que casarse y así lo irá dejando poco a poco.

ꙸ

—Doctor, llevo dos semanas sin comer ni dormir, ¿qué me pasa?
—Evidentemente tiene usted sueño y hambre.

—Doctor, en cuanto me duermo comienzo a roncar terriblemente.

—¿Son muy fuertes los ronquidos?

—Sí, muchísimo.

—Y claro, le molestan a su esposa, ¿verdad?

—La verdad es que no estoy casado.

—Entonces no hay problema.

—¿Que no hay problema? ¡Ya me han despedido de cinco trabajos por esto!

Entre el quirófano y urgencias...

Entre anestesistas y cirujanos...

Un hombre está en la mesa de operaciones, a punto de ser operado por su propio hijo, cirujano. Medio adormecido ya por la anestesia, se dirige a él:

—Hijo, hazlo sin ningún tipo de presión, con tranquilidad, y todo saldrá bien. Piensa únicamente en que si algo me pasa a mí... tu madre irá a vivir contigo.

Un grupo de cirujanos charla en una convención.

—La verdad es que no hay nada más fácil que operar a un bibliotecario —dice uno.

—¿Por qué? —pregunta el resto.

—Porque cuando uno los abre se encuentra todas las cosas ordenadas alfabéticamente.

—Pues yo creo que es más fácil operar a un contador.

—¿Por qué?

—Porque cuando los abres te encuentras las cosas ordenadas numéricamente.

—No tenéis ni idea, lo más fácil es operar a un mecánico, porque cuando los operas y le sobran piezas nos comprenden y no se enfadan.

😬

—Doctor, ¿piensa usted que después de esta operación podré volver a caminar?

—¡Claro! Porque sin duda va a tener que vender el coche para poder pagar la factura.

😬

—Doctor, no siento las piernas, me las ha cortado ¿verdad?

—¡No hombre! Puede estar usted tranquilo, que lo que le hemos cortado son los brazos.

😁

—Doctor, esta cirugía plástica total en el rostro no me dejará desfigurada, ¿verdad?

—Por supuesto que no, señora, soy uno de los mejores especialistas.

—Muchas gracias, doctor, seguramente mañana, después de la operación, me reiré de todo esto... —replica la mujer, tratando de tranquilizarse.

—¿Reírse? ¿Sin labios?

😁

Tras realizar una operación de varias horas, un médico se encuentra con otro en el pasillo de quirófanos.

—Sin duda ha sido el peor error que he cometido en toda mi carrera —le dice uno al otro.

—¿Murió en la operación?

—Al contrario: por fin un millonario entra en mi consulta y yo le curo en una sola visita...

😁

—¿Operarme? Doctor, estoy confundido, el resto de médicos a los que he acudido me dan un diagnóstico distinto al suyo.

—No se preocupe, ya veremos quién tiene razón en el momento de la autopsia.

😬

Un paciente se despierta después de una operación, ve a un hombre a su lado y le dice:

—Doctor, ¿ha salido todo bien?

—Me llamo San Pedro y no soy su médico.

😬

—Doctor, estoy muy nervioso, es la primera vez que me operan.

—Pues procure tranquilizarse, que es mi primer día y bastante nervioso estoy yo.

😬

Tras la operación:

—Señor, me temo que tengo malas noticias, su madre ha...

—No es mi madre, es mi suegra.

—¡Ah! Entonces son buenas: que la ha palmado.

☺

—Doctor, mi mujer tiene tres pechos.

—Entiendo, quiere usted que le extirpe uno de ellos, ¿verdad?

—¡No, no! Quiero que me implante otra mano.

☺

—Doctor, ¿cuándo hizo su primera operación?

—Si no recuerdo mal... a los cinco años.

—¿Cómo?

—Sí, en la escuela, creo que era una suma.

☺

En una habitación de hospital, dos pacientes comienzan a conversar:

—¿Por qué está usted aquí?

—Me he roto una pierna, y ¿usted?

—A mí me han operado.

—¿De qué?

—No lo sé, me durmieron.

Un médico se acerca a su paciente y le dice:

—Tengo que darle dos malas noticias.

—¿No suele ser una buena y otra mala?

—En su caso no.

—Bueno, pues dígame la primera.

—Le hemos amputado la pierna derecha.

—¡No puede ser! ¿Qué va a ser de mí? Creo que es lo peor que me podría haber pasado... ¿Cuál es la otra?

—Que nos hemos equivocado de pierna.

En la sala de operaciones un cirujano está haciendo un trasplante de riñón cuando de pronto dice:

—¡Detengan todo, ha habido un rechazo!

—¿Un rechazo? ¿Ha sido el riñón o los injertos?

—Peor aún ¡tarjeta sin fondos!

😬

—Doctor, ¿qué tal ha ido el parto?

—Todo está bien, ha salido por cesárea y le hemos puesto oxígeno.

—¿Oxígeno? Con la ilusión que me hacía ponerle Federico, como mi padre...

Un paciente recién operado comienza a despertarse y pregunta:

—Doctor, ¿ha sido capaz de conservarme la mano?

—Sí, aquí la tiene, en un frasco de formol.

Después de una operación, el médico le pregunta al paciente:
—¿Cómo se encuentra?
—Bueno, más o menos bien, pero me duele mucho la cabeza, como si me hubiera dado un gran golpe.
—Ya... es que el anestesista está de vacaciones.

😁

—Doctor, ¿qué tal ha ido la operación de mi marido?

—¿Operación? Pero ¿no era una autopsia?

😁

Una enfermera habla con un paciente, mientras le lleva en la camilla camino del quirófano:

—Pero ¿por qué tiembla usted tanto?

—Es que he oído que la otra enfermera ha dicho que una apendicectomía es una operación muy sencilla y que no había por qué estar nervioso y que todo iba a salir bien.

—Pues claro, todo eso se lo dijo para tranquilizarle, porque es verdad.

—No, no, si es que no me lo decía a mí... ¡se lo decía a mi cirujano!

😁

—Señora, vea usted el lado positivo de que le hayamos amputado las dos piernas...

Ya no va a sentir los pies fríos de su marido por la noche.

Dos doctores van caminando por un pasillo del hospital. De pronto, pasa volando por encima de ellos un corazón. Al verlo le dice uno al otro:

—Fíjese, he asistido a muchos trasplantes de corazón a lo largo de mi dilatada carrera... ¡pero nunca había visto un rechazo tan explícito!

—Yo no me fío de los cirujanos. Son expertos en manejar cuchillos, se cubren la cara para que no se les pueda reconocer y usan guantes para no dejar huellas.

—Doctor, la pierna que me ha operado es ahora más corta.
—No se preocupe, le puedo hacer la misma operación en la otra.

😁

Un hombre acude al hospital para hacerse una vasectomía porque no quería tener más hijos. Cuando se despierta de la anestesia, el médico le dice:

—Tengo dos noticias, una buena y otra mala. ¿Cuál prefiere que le diga primero?

—Creo que prefiero la buena.

—La buena es que no podrá tener más hijos.

—Hombre, para eso he venido.

—Claro, la mala es que nos hemos confundido de paciente y también le hemos practicado una operación de cambio de sexo...

—¡Santo cielo! Eso significa que nunca más podré tener un pene erecto entre mis manos...

—Claro que podrá, pero no será el suyo.

😁

—Doctor, ¿cree usted que tendrán que amputarme el brazo?

—Hombre, con el aspecto que tiene yo creo que se caerá él solo.

😁

Una señora entra en una clínica de cirugía plástica.

—Quiero que me deje como nueva, porque me voy a casar con mi novio y cree que soy virgen, pero en realidad no lo soy.

—Bueno, para ese tipo de operaciones, por cinco mil euros podemos hacer algo rápido.

—Mire doctor, es que no tengo tanto dinero.

—Bueno, por ser usted paciente desde hace muchos años, creo que puedo hacerle un precio especial y dejárselo en cuatro mil.

—Se sale de mi presupuesto...

—Señora, no pienso bajar más de tres mil euros.

—Le voy a ser muy sincera doctor, solo traigo mil euros. ¿Qué puede hacer con eso?

—Bueno... a ver, quítese los pantalones y la ropa interior.

La mujer se quita la ropa, el médico comienza a tocarla y en menos de dos minutos dice:

—Esto ya está, ya se puede ir.

—¿Tan rápido?

—Sí, así que págueme y en paz.

La señora paga y se va, pero a los quince días vuelve a la consulta.

—Doctor, ¿qué me ha hecho? Cuando consumé con mi marido sufrí tanto dolor que ni en mi primera vez...

—¿Por mil euros? Cogí dos pelos de cada lado y los até en medio.

Durante una autopsia, el ayudante le pregunta al médico:

—Pero doctor, ¿realmente cree que el paciente murió de una parada cardíaca?

—Sí, aunque bueno, también pudo provocarla el hachazo en la cabeza...

Dos cirujanos están en la sala de operaciones intentando operar a un hombre, cuando uno de ellos dice:

—Este miembro viril es muy grande, creo que debemos cortar un gran pedazo de la punta.

—¡No! Eso no puede ser, le haría perder la sensibilidad.

—Bueno, entonces cortemos un gran pedazo de en medio.

—¡No! Ahí se encuentran las válvulas que regulan el flujo sanguíneo.

La enfermera interviene con gran pudor:

—Sería una lástima... ¿Por qué no le alargan las piernas?

—Don Alberto, es inevitable, tengo que operarle de urgencia o me temo que perderá la pierna.

—¿Cuánto me costará?

—Alrededor de treinta mil euros.

—¡Qué barbaridad, con eso podría comprarme un coche de lujo!

—Eso es precisamente lo que voy a hacer.

—¿Qué es un anestesista?

—Un médico parcialmente dormido al lado de un paciente parcialmente despierto.

Dos cirujanos ven pasar a un paciente y uno lo dice a otro:

—A ese hombre le he operado yo.

—¿Y qué le sacaste?

—Unos cinco mil euros, venía por la privada...

😬

—Si un cirujano se mancha de sangre, un ginecólogo de líquido amniótico y un traumatólogo de yeso, ¿de qué se mancha un anestesista?

—No lo sé.

—¡De café!

😬

—Doctor, creo que el trasplante que me hizo no ha salido bien.

—¿Por qué?

—Porque mi pene rechaza mi mano.

Dos médicos ven a un hombre caminando lentamente y en postura simio-antropoide; entonces, uno le dice al otro:

—¿Has visto que caso más claro de pinzamiento vertebral con lesión en el plexo nervioso que ha afectado al sistema locomotriz inferior?

—Siento discrepar, querido colega, pero yo que soy especialista en el tema opino que lo que padece ese hombre es sin duda una malformación congénita en la rótula con desviación del fémur.

—¿Por qué no se lo preguntamos? Así saldremos de dudas.

Se acercan a él.

—Disculpe, señor, mi colega y yo discutimos sobre la dolencia que a nuestro parecer sufre. Yo opino que se debe a una malformación congénita y mi colega que se trata de una deformidad en la rótula. ¿Qué le ocurre?

—Pues miren, el caso es que yo pensé que era un pedo, pero al final salió de todo.

☺

Una mujer está en la sala de partos dando a luz a dos gemelos. El médico saca a uno de los bebés y le da tortas en el culo hasta que comienza a llorar. Entonces el doctor le dice a la madre:

—Bueno, ya está.

—¡Pero si son gemelos!

—¿Está usted segura?

—Sí, completamente.

—Pues yo no veo nada...

—Se lo aseguro, doctor, yo misma he visto las ecografías.

El médico, sale desconcertado de la sala en busca de las ecografías y mientras tanto en la sala de partos un segundo gemelo sale de entre las piernas de la mujer:

—¡Eh, hermano! —le dice al otro—, ¿ya se ha ido el bestia ese?

Cuatro médicos van a un bosque en su día libre para cazar patos. El primero, un reconocido psiquiatra, va el primero y ve entre los matorrales a un pato que sale volando. Rápidamente saca su rifle, apunta y dice:

—Tiene aspecto de pato, pero habría que ver cómo sobrelleva el pato la carga de ser pato y si en realidad es su deseo de ser pato. Porque de lo contrario, a pesar de tener aspecto de pato, no debería ser considerado pato.

Cuando el psiquiatra termina su reflexión el pato está demasiado lejos para alcanzarle de un disparo.

—Déjeme a mí —dice otro de los médicos, un traumatólogo.

Siguen caminando y de nuevo aparece un pato. El médico apunta y dice:

—Tiene cola de pato, pico de pato, alas de pato y vuela como un pato. Por ende concluyo que se trata de un pato.

Cuando termina, el pato ya está demasiado lejos. Entonces, el tercer médico, un cirujano, se adelanta y al ver a otro pato salir de entre los juncos, apunta, dispara y acierta de lleno. Todos los médicos se quedan mirando y dicen:

—Pero ¿era un pato?

—No sé, que lo vea el patólogo.

El patólogo, cuarto integrante, se acerca al animal muerto y al momento vuelve con un hermoso pato colgando de su mano.

—Y bien, ¿es un pato? —preguntan todos intrigados.

—No lo sé, la muestra es insuficiente.

Un gangoso llega a la consulta del médico.

—Doctor, soy gangoso desde que era adolescente y ya no lo soporto más, ¿qué puedo hacer para corregirlo?

—A ver, abra la boca y diga «aaah».

—¡Aaaaaah!

—Veo que sus cuerdas vocales están muy tensas, como si estuvieran cargando con algo pesado. Desnúdese para que pueda examinarle mejor.

El paciente se desviste y lo primero que ve el médico es que tiene un pene enorme.

—Ya sé lo que ocurre: su descomunal pene pesa tanto que el esfuerzo que tiene que hacer su cuerpo para cargarlo le impide modular la voz con normalidad.

—¿Y qué puedo hacer?

—Lo único que se me ocurre es recortarle el pene un poco, pero siempre que a usted le parezca bien.

—¡Por supuesto! Haré lo que haga falta.

Al día siguiente el médico opera al hombre y le quita un gran trozo del pene. Cuando el paciente despierta de la anestesia ve que puede hablar bien. Al volver a su casa, su mujer se extraña por la nueva y agradable voz de su marido y le pregunta cómo lo ha conseguido. El hombre se lo cuenta, la mujer monta en cólera y le obliga a volver al médico para que le implanten de nuevo lo que le quitaron.

—Esto es como el mar —le dice el médico con voz gangosa cuando el hombre regresa a su consulta—: Lo que se encuentra uno en el quirófano pasa a ser de su propiedad.

Un mecánico se encontraba en su taller quitando la culata del motor de una Harley cuando un famoso cirujano cardiovascular entra en el garaje. Al verle, el mecánico le dice:

—¡Eh, doctor! ¿Puedo hacerle una pregunta?

—Claro.

—¿Ve usted lo que estoy haciendo? Yo he abierto el corazón de esta máquina, le he quitado las válvulas, las he arreglado, las he vuelto a colocar en su sitio y cuando terminé, todo funcionaba como nuevo. No entiendo por qué yo recibo un salario de pena si hago el mismo trabajo que usted.

—Amigo, trate de hacer esto con la moto en marcha y después hablamos.

Un hombre engañó a su esposa con otra mujer y a los pocos días comenzaron a salirle manchas verdes y moradas en el pene. Asustado, acudió al médico y éste, tras examinarle, le dijo:

—Tengo malas noticias, me temo que su pene está infectado por un extraño virus que proviene de Mongolia para el que no existe cura, así que me temo que va a perder el miembro.

—¡No puede ser, me niego! ¡Quiero una segunda opinión!

El hombre acude desesperado a un curandero chino en busca de consejo.

—¡Oh! Veo que tiene vilus de Mongolia. No pleocupal, salte.

—¿Cómo?

—¡Salte! Póngase a dal saltos.

El hombre, sorprendido, se pone a saltar y le dice el curandero:

—¿Ve? Se ha caído solo.

Un paciente se despierta después de una operación y pregunta al médico:

—Doctor, ¿por qué están todas las cortinas de las ventanas echadas?

—Verá, es que enfrente hay un incendio y no queríamos que al despertar pensara que ya estaba usted muerto y en el infierno.

☺

Frases que nunca querrías escuchar en una sala de operaciones:

☠ —No toques eso que lo vamos a necesitar para la autopsia.

☠ —Acepta este sacrificio, ¡oh, Señor de la Oscuridad!

☠ —Si esto es el hígado ¿Eso qué es?

☠ —Enfermera, páseme esa... Esa... ¿Cómo se llama ese aparato?

☠ —¡Ups! Creo que se me ha ido la mano.

☠ —¡Otro apagón!

☠ —¡Vaya! Bueno, no se preocupen, pagan muy bien por los riñones.

☠ —Enfermera, haga que esa cosa deje de latir que así no hay quien se concentre.

☠ —¿Alguien ha visto mi lentilla?

☠ —¿Quién ha puesto esto aquí?

☠ —Odio que se me caiga algo ahí dentro, es imposible recuperarlo.

☠ —Enfermera, asegúrese de que el paciente ha firmado el consentimiento para donar órganos.

☠ —¡Fuego! ¡Fuego! ¡Desalojen la sala!

☠ —No te preocupes, creo que éste sí está bien afilado.

☠ —Enfermera, pase hasta la página 47 del manual.

☠ —Pero ¿esto no era un cambio de sexo?

☺

—Señor, tengo dos noticias que darle: una buena y otra mala. ¿Cuál quiere que le diga primero?
—Dígame la mala.
—Vamos a tener que amputarle las piernas... Pero no se preocupe, la buena es que el señor de la cama de al lado le compra los zapatos.

🙂

Un hombre camina nervioso en la sala de espera de maternidad cuando aparece el cirujano por la puerta y le dice con cara de preocupación:

—Lo siento, pero hemos tenido complicaciones en el parto... Me temo que a su hijo le faltan los brazos.

—No importa, lo quiero igual.

—Ya, pero también le falta del cuello para abajo.

—¡Es mi hijo y lo quiero!

—Verá, es que también le falta toda la cabeza, pero bueno, si es su deseo, pase a verlo.

El hombre entra en el quirófano y al ver una enorme oreja en una incubadora exclama:

—¡Hijo mío!

—No grite, que es sordo.

—¿Cómo está mi corazón, doctor?

—Podría estar mejor, pero no es para desanimarse... Durará tanto como usted.

—¿Dos mil euros, dice usted? —se indigna el paciente con el cirujano.

—Si desea pagar la factura tiene fácil arreglo —replica el otro—: Puede ir a uno de mis colegas, el doctor Pérez, por ejemplo. A éste sólo tendrá que pagarle usted la mitad, o quizás menos... Es decir, usted o sus herederos.

😁

Una vieja actriz va al cirujano plástico para que la eliminen una arruga que le ha salido en la cara. Y aunque el médico se niega, porque tras tantas operaciones ya apenas le queda piel, ella insiste:

—Precisamente, ¿qué más da que me opere otra vez? Total, si me voy a retirar dentro de nada... Además, usted siempre lo ha hecho tan bien...

—Bueno, bueno, pero no me hago responsable.

De modo que la operan y cuando se recupera de la anestesia, ve que tiene una especie de arruguita en el cuello. Ya está dispuesta a echarle la bronca al cirujano por arruinar su belleza, cuando el médico entra en la habitación, ve la expresión de su cara y le dice muy serio:

—Antes de que diga nada, eso no es una cicatriz, es su ombligo. Y le advierto: si se opera una vez más, tendrá que empezar a afeitarse.

Matasanos a la carrera...

Una señora llega a Urgencias y le dice al doctor:

—Soy la esposa del señor González. Tuvo un accidente de coche y me dijeron que lo habían traído aquí. Por favor, dígame, ¿está muy grave?

—De la cintura para abajo su esposo no tiene ni un rasguño.

—¡Qué alegría me acaba de dar, doctor! ¿Y qué pasa de la cintura para arriba?

—No puedo decirle nada, señora. Estamos esperando que la ambulancia nos traiga esa parte.

Un médico vuelve en la noche al hospital y pregunta a las enfermeras:

—¿Mandaron ya al paciente Pérez a la morgue?

—Sí, señor. Como usted ordenó.

El médico sale corriendo hacia la morgue y, al llegar, pregunta en la entrada:

—¿Trajeron hoy un cadáver del hospital?

—Sí, señor.

El médico entra dentro y grita fuertemente:

—¡Señor Pérez! ¡Que tengo buenas noticias! ¡No fue su pulso el que se paró, fue mi reloj!

☺

Un hombre llega a Urgencias con los dos lados de la cara quemados.

—Pero ¿qué le pasó? —le pregunta el doctor.

—Pues estaba planchando cuando me llamaron por teléfono, y me equivoqué. En lugar de acercarme el móvil, me acerqué la plancha.

—Pero ¿y el otro lado?

—Eso fue cuando iba a llamar a la ambulancia.

😬

Un hombre ingresa en un hospital para hacerse una operación. Una enfermera empieza a tomarle los datos: el nombre, el número de la seguridad social...

—¿En caso de emergencia, a quién quiere que avisemos?

—¿Quiere decir si estoy a punto de morir?

—Eh... bueno... sí.

—En ese caso, llame corriendo a un doctor.

😬

Un hombre va a Urgencias con un hacha clavada en la cabeza.

—Doctor, necesito que me mire los testículos, me duelen una barbaridad.

—Pero hombre ¿y el hacha de la cabeza?

—Claro, si es que cada vez que estornudo me doy con el mango.

—Doctor, vengo a ver a mi marido. Le atropelló un tren.

—Puede verlo en las habitaciones 20, 21 y 22.

Dos enfermos en Urgencias, vendados y hechos polvo en sus camas:

—Tú eres nuevo, ¿verdad?

—Sí.

—¿Ves esa máquina que hace pi-pi-pi-pi?

—Sí.

—Pues mira, lo más importante aquí es que si la máquina se apaga, tú continúes haciendo el ruido con la boca porque si no, vienen los médicos y te pegan una paliza...

Una enfermera va recorriendo el hospital empujando una camilla. El paciente está palidísimo, va agarradose como puede a la baranda con cara de pánico, y le pregunta casi entre lágrimas:

—Por favor, ¿no podría llevarme usted a Urgencias?

—Ya le he dicho antes que no. Si el doctor dice que al depósito de cadáveres, es al depósito de cadáveres.

En el hospital están el médico jefe y los ayudantes de visita. Tras ver a un enfermo que acaba de ingresar por Urgencias, se enzarzan en una discusión de la que el paciente no se entera bien. Cuando terminan, el paciente llama a un ayudante que parecía discrepar con él.

—Por favor, doctor, dígame, ¿por qué discutía así con mi médico?

—Nada, hombre, opiniones contrapuestas con el diagnóstico de su enfermedad. Discutíamos por eso. Pero no se preocupe, la autopsia me dará la razón a mí.

Una anciana llega corriendo a Urgencias.

—¡Vengo a que me saque los dientes, doctor!

—Pero señora, ¿por qué no ha ido usted al dentista? Además, ¡usted no tiene dientes!

—Que sí, doctor, ¡que acabo de tragármelos!

😬

—Doctor, el paciente que usted acaba de dar de alta ha caído muerto justo enfrente de Urgencias.

—¿Y ha caído mirando hacia la calle?

—Sí.

—¡Pues vaya corriendo y dele la vuelta para que crean que iba entrando!

😬

Se encuentra un paciente comatoso tendido en la cama. En el mismo cuarto están su médico, abogado, esposa e hijos, todos ellos esperando el suspiro final, cuando de repente el paciente se incorpora, mira a su alrededor y dice:

—¡Asesinos, ladrones, desagradecidos y sinvergüenzas! —Y vuelve a desmayarse.

El doctor un poco confundido dice:

—Creo que está mejorando...

—¿Por qué lo dice, doctor? —pregunta la esposa.

—Porque nos ha reconocido a todos.

Llega el médico a ver a su enfermera y le pregunta:

—¿Sigue tosiendo el paciente de la 213?

—Sí, desde que ingresó esta mañana está igual, no para de toser.

—¿Le ha puesto ya el termómetro?

—Le he puesto como cinco en la garganta y aun así no para.

Llega a Urgencias un paciente, víctima de un accidente de tráfico...

—Doctor, por favor, sea sincero y directo: ¿voy a perder la pierna?

—Eso no lo sé, caballero, yo se la voy a entregar en una bolsita y, si usted la pierde o no cuida dónde la deja es problema suyo.

Un hombre llega a Urgencias:

—Doctor, necesito que me ponga la anti-británica.

—Querrá decir la antitetánica.

—Ya quisiera yo que me hubieran dado con una teta y no con la llave inglesa.

Un hombre llega a Urgencias a punto de sufrir un ataque al corazón. Se le acerca una enfermera.

—Espere un momento que enseguida viene un médico a atenderle.

Al segundo aparece el médico con dos palillos chinos y se los clava al paciente en los ojos. La enfermera, asombrada, pregunta:

—Pero doctor, ¿por qué ha hecho eso?

—Ojos que no ven, corazón que no siente.

Una señora muy resfriada va al hospital a ver a su esposo. Cuando sale a su paso el médico le pregunta:

—Doctor, ¿cómo está mi esposo? ¿Puedo entrar a verlo?

—No le conviene entrar así resfriada. Hace demasiado frío en la morgue.

Una señora que quiere suicidarse llama por teléfono a su médico para preguntarle dónde se encuentra el corazón. El doctor le explica que el corazón se ubica dos dedos por debajo del pecho izquierda. Una hora más tarde, la ambulancia recoge a la mujer en su casa y la lleva ·Urgencias con un balazo en la rodilla.

Un hombre acude a Urgencias con unos dolores insoportables.

—Doctor, dígame, ¿qué me pasa?

—Pues verá, tiene el mismo problema que una iglesia abandonada.

—¿Qué quiere decir con eso?

—Que no tiene cura.

Un hombre con un ojo de cristal está en una fiesta bebiendo y bailando, cuando de repente, se le cae el ojo en la copa y se lo bebe sin darse cuenta. Pasan varios días y el hombre no puede hacer de vientre, así que decide acercarse a Urgencias para que le examinen.

—Verá, doctor, llevo ya varios días sin poder ir al baño y empiezo a encontrarme mal y con dolores.

—Podría ser algo grave si continúa así. Voy a hacerle una revisión. Por favor, bájese los pantalones e inclínese para que pueda observarlo mejor.

El hombre, obedeciendo, se baja los pantalones y se inclina un poco.

—¡Pero esto no puede ser! ¡Es imposible!

—Doctor, por favor, no me asuste, ¿qué ocurre?

—Durante mi vida he mirado un montón de culos, pero ésta es la primera vez que un culo me mira a mí.

Entra una enfermera a la habitación de un paciente recién ingresado a Urgencias y le dice a sus familiares que salgan para que pueda introducirle un supositorio. Como a los cinco minutos sale de la habitación, y uno de los familiares le pregunta:

—¿Está todo bien?

—Pues sí.

—¿Y ese supositorio que tiene usted en la oreja?

—¡Ay, el lapicero!

🌝

Llaman por teléfono al médico de Urgencias del pueblo.

—Doctor, venga rápido. Mi hijo se ha tragado un preservativo.

—Voy ahora mismo.

A punto ya de salir de la casa con el maletín en la mano, suena el teléfono de nuevo.

—Doctor, soy la del preservativo que llamó antes. Que ya no hace falta que venga, que mi marido encontró otro.

☺

—¿Cuál cree que ha sido la causa de la muerte?

—El fallecimiento se ha producido de muerte natural a las 21.30.

—¿Muerte natural? ¡Pero si tiene treinta y siete puñaladas!

—Y naturalmente, ha muerto.

☺

Una noche un médico de un pueblo recibe una llamada telefónica.

—Siento molestarle tan tarde, pero creo que mi mujer tiene apendicitis. Tiene que venir rápido.

Aun medio dormido el médico recuerda que ya había operado a esa mujer.

—Es imposible que sea apendicitis. Nadie tiene un segundo apéndice.

—Doctor, quizás usted no haya oído hablar de un segundo apéndice, pero estoy seguro de que habrá oído hablar de una segunda esposa.

☻

Un hombre en el hospital esperando que le dijeran si su mujer sobreviviría al terrible accidente de coche que había sufrido. El doctor se acerca a él.

—Su mujer está muy grave. Tiene prácticamente paralizado todo el cuerpo. Tendrá que comer a través de un tubo y usted tendrá que ocuparse de bañarla, cambiarla de ropa, ponerle los pañales...

El marido rompe a llorar y el médico le dice:

—¡Que solo estaba bromeando, hombre! Se murió hace ya media hora.

Un leproso llega corriendo a Urgencias.

—Doctor, se me ha caído la polla.

—¡Vaya! ¿Ha traído el miembro?

—Sí, aquí lo tengo.

—Rápido, hay que ponerla con hielo. Pero esto no es... ¡Esto parece un cigarro!

—Mierda, entonces me la fumé por el camino.

Un hombre acude a Urgencias para que le curen una uña que se le ha clavado en el dedo gordo del pie. La enfermera le lleva a un vestidor y le pide que por favor se ponga una bata del hospital.

—Pero esto es absurdo, si es solo una uña del pie. ¿Para qué tengo que ponerme la bata?

—Son normas del hospital.

—Pues me niego.

En ese momento se oye una voz procedente del vestidor de al lado:

—Yo que usted me la ponía y no discutía más. No va a servirle de nada. Fíjese, yo ya llevo la bata y solo venía a leer los contadores.

—Doctor, creo que estoy muerto.

—Pero hombre, eso es imposible.

—Va en serio, examíneme.

—Pero qué tontería. Vamos a ver, usted estará de acuerdo en que los muertos no sangran, ¿verdad?

—Sí, claro.

—Bueno, pues le voy a pinchar en un dedo con este alfiler y si usted sangra, eso significa que está vivo.

—De acuerdo, píncheme y verá como no sangro.

El médico le pincha el dedo, y obviamente saca una gotita de sangre. Sonriendo, le dice al paciente:

—¿Qué me dice ahora?

—¡No sabía que los muertos pudiesen sangrar!

En el especialista

De loqueros...

En la consulta del psicólogo:

—Señora, en la próxima sesión será importante que analicemos el inconsciente.

—Sinceramente, doctor, no veo nada fácil que el desgraciado de mi marido quiera venir conmigo.

😊

—Doctor, tengo tendencias suicidas, ¿qué hago?

—¡Pagarme ahora mismo!

😊

—Doctor, esta mañana he tenido un lapsus freudiano mientras desayunaba con mi mujer y creo que he destruido nuestro matrimonio.

—Cuénteme, ¿cómo ha sido?

—Pues estábamos sentados en la mesa y yo pretendía decirle «Cariño, ¿podrías pasarme la mermelada, por favor?».

—¿Y qué fue lo que dijo en realidad?

—¡Maldita zorra, deja de joderme la vida!

☺

En la consulta de un psiquiatra el médico le dice al paciente:

—El tratamiento ha terminado, ahora ya no creerá nunca más que tiene enemigos imaginarios.

—Claro, porque desde que me trata usted todos mis enemigos son reales.

☺

—Doctor, tengo complejo de superioridad.

—No se preocupe, aquí le podemos curar.

—¿Tú? ¡Tú qué me vas a curar a mí!

—¿Cuántos psicólogos hacen falta para cambiar una bombilla?

—Solo uno, pero la bombilla ha de querer cambiarse.

☙

—Bueno, en esta sesión, como es la primera, me gustaría que me explicara su problema desde el inicio.

—Pues mire, al principio creé el cielo y la Tierra...

☙

Dos psicólogos se encuentran en un ascensor al final del día tras una dura jornada de trabajo. Uno de ellos está muy cansado y el otro parece contento y relajado.

—No entiendo cómo puedes estar así de bien después de doce horas tratando los problemas de tus pacientes.

—Pero hombre, Alfonsito, ¡no me digas que tú los escuchas!

☙

—Doctor, tiene que ayudar a mi marido.

—¿Qué le ocurre?

—Cree que es una nevera.

—¡Ah! Ya veo... Yo en su lugar no me preocuparía, muchas personas tienen ese tipo de alucinaciones y suelen desaparecer en pocos meses.

—Pero usted no lo entiende, él duerme con la boca abierta y la luz no me deja dormir.

☺

Una señora de mediana edad muy atractiva, acude al psicólogo.

—Necesito ayuda, doctor. Cada vez que tengo una cita con un chico joven termino en la cama con él y después me siento culpable durante semanas.

—Comprendo, entonces supongo que lo que quiere es que trabajemos para fortalecer su control personal a la hora de evitar esas situaciones, ¿verdad?

—¡Oh, no! Lo que yo quiero es utilizar mi fuerza interior para no sentir esa culpa.

☺

—Doctor, tengo un grave problema.

—Cuénteme, joven.

—Es que no puedo parar de pensar en el sexo.

—Bien, en ese caso le voy a mostrar una serie de imágenes y usted tendrá que decirme qué ve.

El psicólogo le muestra la primera lámina con manchas negras.

—¿Qué ve en esta figura?

—Un hombre y una mujer teniendo sexo.

—Interesante. ¿Qué ve en esta otra?

—Pues otro hombre y otra mujer practicando sexo.

—Y ¿qué ve en esta otra?

—Claramente varios hombres y varias mujeres manteniendo relaciones sexuales.

—Bien, efectivamente, está claro que está usted obsesionado con el sexo.

—¡¿Yo?! ¡Pero si es usted quien no deja de mostrarme fotos pornográficas!

☺

Un hombre acude desconsolado a ver a su terapeuta.

—Doctor, mi mujer me es infiel: todas las tardes va al bar Belarmino y tontea con todos los hombres. De hecho, se acuesta con cualquiera que se lo pida y creo que me estoy volviendo loco. ¿Qué puedo hacer?

—Lo primero que tiene que hacer es relajarse, respire profundamente varias veces y con calma, dígame exactamente dónde se localiza el bar Belarmino.

☺

—Doctor, mi marido cree que es un caballo, ¿es grave?

—Más que grave, yo diría que es complicado. Además, el tratamiento es largo y costoso.

—Bueno, el dinero no es problema, ya ha ganado varias carreras.

☺

—Doctor, todas las noches, cuando me acuesto, creo que hay alguien debajo de mi cama. Entonces, para combatir el miedo me acuesto debajo de la cama y al ver que no hay nadie debajo, pienso que está encima... Tiene que ayudarme. ¡Me estoy volviendo loco!

—No se preocupe, vamos a iniciar un tratamiento que durará un año pero que terminará con sus temores. Tendrá que venir a la consulta tres veces por semana.

—Pero ¿cuánto costará cada sesión?

—Quinientos euros, es una tarifa fija.

—En ese caso creo que tengo que pensármelo, ya volveré cuando me decida.

A los seis meses el psicólogo y el hombre se encuentran en el supermercado y el doctor le dice:

—¡Hombre! El de los temores nocturnos, ¿por qué no volvió a la consulta?

—Porque encontré a un carpintero que me solucionó el problema por treinta euros.

—Y ¿cómo lo hizo?

—Cortando las cuatro patas de la cama.

☺

—Gracias por llamar al instituto de Salud Mental, la organización más efectiva para tratar sus momentos de locura:

- ☺ Si usted es obsesivo-compulsivo, presione repetidamente el número 1.

- ☺ Si usted es co-dependiente, pídale a alguien que presione el número 2.

- ☺ Si usted tiene múltiples personalidades, presione el 3, 4, 5 y 6.

- ☺ Si usted es paranoico, nosotros ya sabemos quién es usted, sabemos lo que hace y sabemos lo que quiere, de modo que espere en línea mientras rastreamos su llamada.

- ☺ Si usted sufre de alucinaciones, presione el 7 en ese teléfono gigante de colores que usted (y sólo usted) ve a su derecha.

- ☺ Si usted es esquizofrénico, escuche cuidadosamente y una pequeña voz interior le indicará qué número presionar.

- ☺ Si usted es depresivo, no importa qué número marque, da lo mismo, nada conseguirá sacarlo de su lamentable situación.

☽ Si usted sufre de amnesia, presione 8 y diga en voz alta su nombre, apellidos, dirección, teléfonos, e-mail, DNI, número de su cuenta corriente, fecha de nacimiento, lugar de nacimiento, estado civil y el teléfono de sus vecinos.

☽ Si usted sufre de indecisión, deje su mensaje después de escuchar el tono... o antes del tono... o después del tono... o durante el tono. En todo caso, espere el tono.

☽ Si sufre de pérdida de la memoria de corto plazo, presione 9.

☽ Si sufre de pérdida de la memoria de corto plazo, presione 9.

☽ Si sufre de pérdida de la memoria de corto plazo, presione 9.

☽ Si tiene la autoestima baja, por favor cuelgue. Todos nuestros operadores están atendiendo a personas más importantes que usted.

☽ Si con esto su problema se acentúa, es porque estamos mejorando nuestro servicio para usted.

☺

El inspector general de Salud está haciendo un recorrido por el ala de psiquiatría de un hospital acompañado por el encargado del plantel. De pronto el primero ve algo que le llama la atención: un loco acostado en el suelo y un grupo alrededor de el.

Por curiosidad le pregunta al encargado qué está pasando allí:

—Lo que pasa es que el loco que está acostado dice que es el periódico y los demás lo están leyendo.

—Muy interesante, ahora me tengo que ir, seguiremos mañana la inspección.

Al día siguiente, cuando llega a psiquiatría, el inspector ve que al loco-periódico del día anterior lo persiguen ahora todos los antiguos lectores, y le pregunta intrigado al psiquiatra.

—Oh, no es nada —dice éste—: Como es el periódico de ayer, ahora lo quieren para limpiarse el trasero.

☺

El loco hace castillos en el aire, el esquizofrénico vive en ellos... y el alquiler lo cobra el psicólogo.

☺

—Doctor, doctor, nadie me cree.
—Bueno, y ahora dígame la verdad, ¿cuál es su verdadero problema?

☺

—Doctor, creo que tengo doble personalidad.
—No se preocupe, siéntese aquí y charlaremos los cuatro.

De cintura para abajo...

Una mujer acude al ginecólogo y tras la revisión, le dice el doctor:

—Señora, tengo buenas noticias para usted.

—Señorita, por favor.

—Entonces creo que son malas.

Un señor acude al médico para su revisión de próstata; y cuando el proctólogo está en pleno reconocimiento el hombre grita:

—¡Ah! ¡Pedazo de bestia, me has arruinado la vida!

—¿Cómo? ¿Le he hecho daño o qué?

—No, me ha encantado...

☺

Un hombre acude al médico tras descubrir que sus testículos se habían vuelto de color azul intenso. Tras ser revisado varias veces, el urólogo le dice:

—Me temo que tendremos que amputarle los testículos de urgencia porque tiene un principio de gangrena y si no actuamos pronto se puede extender al resto del miembro.

Unas horas más tarde trasladan al paciente al quirófano donde se realiza la intervención. El hombre es dado de alta y a los quince días vuelve a la consulta.

—¡Doctor, ahora es el pene, mírelo, está azul! No me diga que me lo tiene que amputar también.

El médico analiza el pene del paciente y el diagnóstico vuelve a ser el mismo. Tras operar al hombre, le implantan una prótesis de silicona, pero a las dos semanas el hombre aparece de nuevo en la consulta.

—No lo entiendo. ¡La prótesis también está azul! ¡¿Cómo es posible!?

El médico examina la prótesis durante un buen rato y por fin dice:

—No se preocupe, lo único que pasa es que sus vaqueros destiñen.

☺

—Doctor, tengo unos dolores terribles al orinar.

—Déjeme ver... Bien, todo apunta a que tiene usted una enfermedad venérea.

—¡Eso es imposible!

—Hombre, entiendo que esto es una sorpresa para usted, pero llevo treinta años ejerciendo como urólogo y sé de lo que hablo.

—Le repito que es imposible, doctor, yo siempre he tomado precauciones.

—¿Qué tipo de precauciones?

—Siempre doy nombre y teléfono falsos...

☺

—¿En qué se parecen un perro y un ginecólogo miope?
—En que los dos tienen las narices húmedas.

☺

Una adolescente se encuentra muy mal y va al ginecólogo con su madre. En la consulta, una vez que el médico la examina, le dice:

—Me temo que sus náuseas y malestar se deben a que está usted embarazada, jovencita.

—¡No puede ser! ¡Si se entera mi madre me va a matar! ¿Qué puedo hacer? —dice la muchacha asustada.

—No te preocupes, yo se lo digo de manera que no se enfade.

El doctor manda entrar a la madre:

—Verá, señora, su hija se ha tragado una medalla de la Virgen con el Niño Jesús. No se preocupe, que ella está bien: la medalla y la Virgen la hemos sacado... pero con el niño no ha habido manera.

☺

Un matrimonio estaba paseando por un centro comercial cuando se encuentran con el ginecólogo de la mujer. El médico se acerca rápidamente a saludar al marido, pero de la mujer pasa olímpicamente. El hombre, extrañado, le dice al ginecólogo:

—Pero doctor Hernández, ¿no reconoce a mi mujer?, es paciente suya de toda la vida.

—¡Ah! Discúlpeme, señora, la verdad es que no suelo fijarme en las caras de mis pacientes.

☺

Dos amigos se encuentran en la entrada del centro de salud tras hacerse un examen de próstata.

—¿Qué tal te ha ido?

—Hombre, me ha parecido un poco extraño: mientras me estaba examinando, el doctor tenía una mano en mi espalda y de pronto puso la otra en mi hombro...

☺

—Doctor, ¿qué puedo hacer para que este año mi mujer no se quede embarazada en vacaciones?

—Le recomiendo que se la lleve con usted.

☺

—Doctor, tengo un testículo más grande que el otro.

—Bien, desnúdese de cintura para abajo para que pueda examinarle.

—Es que me da mucha vergüenza.

—No se preocupe, soy médico, he visto muchas cosas...

El hombre, se desabrocha tímidamente el pantalón y le enseña un testículo al médico, que cuando lo ve, abre la boca sorprendido.

—Pues ya verá cuando le enseñe el grande...

☺

—Señora, me temo que su hija tiene el clítoris como el hueso de una aceituna.

—¿De duro, doctor?

—No, de chupado.

☺

Un matrimonio sueco, los dos rubios, de tez pálida y ojos azules, con sus respectivos cuatro padres rubios, de tez pálida y ojos azules; y sus respectivos ocho abuelos rubios, de tez pálida y ojos azules, tiene un niño de piel negra, moreno y con los ojos marrón oscuro. El padre, tremendamente enfadado, se hace la prueba de paternidad y a los tres días va a la consulta del especialista en genética para conocer los resultados.

—Señor Erikson, le confirmo que el hijo que acaban de tener usted y su mujer es suyo.

—¡Pero es negro, doctor! ¿Cómo puede explicarlo?

—Estamos ante un evidente caso de enfermedad de Kodak, esto es: coño grande, polla pequeña, entra la luz y se vela el niño.

☺

—Doctor, no termino de entender lo que me ha dicho. ¿Cómo es posible que mi hija tenga un ventilador en los ovarios?

—No, señora, lo que he dicho es que su hija se ha ventilado a varios.

☺

Una mujer entra en la consulta del médico muy nerviosa porque le van a hacer una mamografía. El médico comienza a palparle un pecho y al ver que la mujer está tan nerviosa, se fija en su cutis tan liso e intenta iniciar una conversación.

—¿Esteticién?

—Sí, ésta ya está a cien, puede pasar a la otra.

😊

—¿Qué es un urólogo?

—Una persona que te mira con desprecio, te toca con asco y te cobra como si te la hubiera chupado.

😊

—Doctor, cuando era soltera tuve que abortar seis veces, pero ahora que estoy casada no consigo quedarme embarazada.

—Evidentemente usted no se reproduce en cautiverio.

😊

—Doctor, me gustaría hacerme la vasectomía.

—¿Se lo ha pensado usted bien? Piense que es una decisión muy importante que no hay que tomar a la ligera. Tiene que hablarlo con su esposa y sus hijos.

—No se preocupe, hicimos una votación en casa y quedó quince a favor y tres en contra...

☺

Una madre acude al ginecólogo con su hija de veinte años.

—¿Qué tal, doña Tomasa, qué le trae por la clínica?

—Mi hija y yo, doctor. Verá, mi hija tiene los senos duros como limones.

—A ver. —El médico examina los senos de la chica—. Efectivamente, duros como limones.

—Y yo, la verdad es que también los tengo duros, tan duros como melones.

El médico los palpa y le da la razón.

—¿Por qué cree que puede ser?

—No lo sé, pero todo apunta a que es un mal de frutas y contagioso, porque mire cómo tengo de duro el plátano.

☺

Un matrimonio acude al ginecólogo y el marido le dice al médico:

—Doctor, creo que mi mujer está embarazada.

El médico examina a la mujer.

—No está embarazada, solo son gases.

—¿Está seguro, doctor?

—Sí, no se preocupe, veo casos como éste todos los días.

La pareja se marcha aliviada y unos años después el marido pasea por el parque con un niño vestido de primera comunión y se encuentra con el ginecólogo, que le saluda muy educadamente y le dice:

—¡Vaya! Éste debe de ser su hijo.

—Sí, pero supongo que para usted solo es un pedo vestido de marinero.

☺

Era un hombre tan feo, tan feo, que cuando nació y su madre le preguntó al ginecólogo qué había sido, el doctor le dijo:

—Ha sido horrible, señora, ha sido horrible.

ↂ

Una pareja de recién casados muy adinerada decide tener su primer hijo, pero por más que lo intentan no lo consiguen. Al cabo de un año optan por buscar ayuda a cualquier precio y viajan a Estados Unidos para ver a un médico, que tiene un método maravilloso aunque caro. Cuando llegan a la consulta se dan cuenta de que ni ellos hablan inglés ni el médico español, así que a duras penas consiguen entender que el médico quiere verlos haciendo el amor. La pareja, muy avergonzada, se pone en faena mientras el doctor mira atentamente hasta que por fin dice:

—¡Stop!

El doctor se sienta en su mesa y les escribe la receta sin mediar palabra. La pareja, muy contenta, vuelve a España y nada más aterrizar se meten en una farmacia.

—Buenos días, ¿tiene usted Triteoterol?

—¿Cómo dice?

—Tri-te-o-te-rol.

—Triteoterol, triteoterol... no me suena de nada.

—Pues venimos de ver en Estados Unidos a un médico importantísimo que nos ha recetado esto, así que tendrá que existir.

—Déjeme ver la receta.

El farmacéutico la lee, se queda perplejo y le dice a la pareja:

—Creo que lo han leído mal, aquí pone «Try the other hole».

😊

Una mujer acude al ginecólogo para hacerse una revisión. El doctor saca del esterilizador los aparatos y comienza a examinar a la mujer, que echa a gritar.

—¡Aaaay, aaaaaay!

—¿Qué pasa, está caliente?

—No, no, sólo un poco nerviosa.

ఌ

Un matrimonio que no consigue tener hijos decide ir a una clínica de fertilidad y el marido le dice a la doctora.

—Es que hay que ver, mira que lo intentamos y lo intentamos, no entiendo cómo no se queda embarazada.

—En ese caso le haremos un espermiograma para ver la movilidad de sus «solda-ditos».

Una vez que la muestra está en un tarro y es analizada, la doctora lee el resultado a la pareja. Resultado: SSPM.

—¡Ah, claro! Sano, Sanote, Pedazo Machote, ¿verdad?

—No, significa «Solo Sirve Para Mear».

ఌ

En la consulta de un ginecólogo el médico se pone un guante de látex y empieza a hacer una exploración en la vagina de la paciente, cuando de pronto le suena el móvil. Con la otra mano coge el teléfono y comienza a charlar tranquilamente.

—Hola, ¿qué tal, José?... Sí, claro, dime... No te preocupes que no me olvido de la reunión... ¿que cómo se llega?... Pues mira, te explico, tienes que coger la M-30, girar a la derecha en el desvío de...

Mientras habla va haciendo las indicaciones con la otra mano sin darse cuenta y cuando cuelga, se dirige a la paciente, que suspirando le dice:

—¿Me puede indicar cómo llego de aquí al centro?

☺

Una chica va al ginecólogo y tras desvestirse detrás del biombo le pregunta al médico:

—¿Dónde dejo la ropa?

—Aquí, al lado de la mía.

☺

Era un bebé tan feo, que cuando nació, el ginecólogo dijo:

—Señora, lo tiramos al aire y si vuela, es un murciélago.

ॐ

—Doctor, me duelen los gitanales.

—Serán los genitales.

—¡Ah! Es que como son morenitos y con pelo rizado y negro...

ॐ

—Doctor, me duelen los cojones.

—Pero hombre, tenga un poco de respeto y diga que le duelen los concejales, ¿no le parece?

—Discúlpeme doctor, es que me duele tanto que estoy muy irritable.

—No se preocupe, tómese estas pastillas y vuelva la semana que viene.

A la semana siguiente:

—¿Qué, cómo van esos concejales?

—Bueno, los concejales bien, pero el alcalde no levanta cabeza.

ॐ

¿En qué se parece un ginecólogo a un sordomudo?

—En que los dos leen los labios.

☺

Un tipo va al urólogo para realizarse un examen de próstata. Ya dentro del consultorio, el urólogo le dice:

—Verá, señor Yáñez, las actuales normas internacionales que rigen los exámenes de próstata recomiendan que los mismos se realicen con el pene del médico, debido a que el anterior sistema, por la introducción del dedo, provocaba en el paciente pequeñas lesiones internas por el roce de la uña.

—Pero ¿qué me está diciendo, doctor? ¿Por quién me ha tomado?

—Mire, señor —contesta el galeno—. Así nos indican las normas de la asociación internacional de urólogos, y yo no soy quién para contravenirlas. Así que o lo toma o lo deja.

Como el señor Yáñez ya se encontraba dentro del consultorio, accedió a hacerse el examen tal como el médico le recomendó: procedió a bajarse los pantalones y una vez se vio en cuatro patas, giró la cabeza y le dijo con voz tierna:

—Doctor, sólo le pido un favor... Cierre usted la puerta del consultorio, no vayan a pensar que me está culeando porque sí...

☺

Un matrimonio espera su primer hijo y van al ginecólogo para que examinen a la mujer. Al finalizar la revisión el médico coge un sello y estampa una pequeña marca en el vientre de la mujer con tinta indeleble. Al volver a su casa, la pareja tiene tanta curiosidad por saber qué pone el sello que el marido coge una lupa y lee en voz alta:

—«Cuando puedan leer esto, vuelvan al hospital».

☺

—Doctor, doctor... ¿la esterilidad es hereditaria?

De la vista y el oído...

—Lea de derecha a izquierda las letras de ese cartel.
—¿Qué cartel?

☺

—Doctor, creo que necesito gafas.
—¿Para sol?
—No, para mí.

☺

¿Por qué los de Lepe van de traje al oculista?
—Porque van a la graduación de sus gafas.

☺

Se abre el telón y aparece un hombre saliendo del oculista con unas gafas nuevas, ¿cómo se llama el cantante?
—Yamiroguay.

☺

¿Por qué echaron al oculista de Lepe?

—Porque para que a la gente no se le caveran las lentillas se las ponía con chinchetas.

☺

—Doctor, creo que necesito usar gafas.

—¿Para lejos o para cerca?

—Para cerca, no tengo pensado salir de la ciudad.

☺

—¿Qué letra es ésta?

—La A.

—Fíjese mejor.

—Es la A.

—Haga un esfuerzo, hombre.

—¡Le digo que es la A!

El oculista, desesperado, se acerca al panel y dice:

—¡Vaya, si tiene usted razón!

—Doctor, sigo viendo puntitos moviéndose enfrente de mis ojos.

—Pero las gafas que le mandé, ¿no le han ayudado?

—Bueno, ahora veo mejor los puntos.

☺

—Recuerde tomar zanahorias, don Aurelio, que son muy buenas para la vista.

—¿Y usted cómo lo sabe?

—Hombre, ¿ha visto algún conejo con gafas?

☺

—¿Qué ve si le tapo este ojo?

—Un cuatro.

—Bien, si le tapo el otro, ¿qué ve?

—Un cuatro.

—Perfecto, ahora con los dos destapados.

—Un ocho.

☺

—Buenos días, querría unas lentillas con vallas.

—¿Con vallas?

—Sí, es que tengo los ojos muy saltones.

☺

En la consulta del oculista.

—Dígame, ¿qué letra ve?

—Una A.

—Correcto, en principio parece que está todo correcto.

—¿Seguro que no tengo nada?

—Se lo aseguro, ve usted perfectamente.

—Entonces, ¿por qué desde que me casé no veo ni un euro?

☺

Un hombre entra en una óptica y le dice al oculista:

—Doctor, se me juntan las letras.

—¿Y qué quiere, que se las pague yo?

☺

—Le felicito, doña Consuelo, su audiometría ha sido excelente.
—¿Qué?

☺

—Doctor, mi mujer está sorda.

—Bien, pero tengo que examinarla, ¿dónde está?

—Es que dice que no quiere venir.

—En ese caso me temo que no puedo hacer nada.

—¿Nada de nada?

—Hombre, podemos hacer una cosa, cuando llegue a casa, empiece a llamarla y cuando le conteste mida la distancia que hay entre usted y ella.

—Gracias, doctor.

Cuando el hombre llega a su casa comienza a llamar a gritos a su mujer:

—¡Romina, ¿dónde estás?! —Y Romina no le contesta. Sigue intentándolo en la cocina, en el salón, en el baño, en el jardín, en el dormitorio—: ¡Romina, ¿dónde estás?! —Pero nada hasta que al fin la encuentra y le dice ella:

—¡En el desván, Aurelio! ¿Qué narices quieres que te he contestado veinte veces?

😊

Un médico atiende a un viejecito millonario que había comenzado a usar un audífono innovador.

—Y bien, señor Almeida, ¿le gusta su nuevo aparato?

—Sí, es buenísimo.

—Y a su familia, ¿le gustó?

—Todavía no se lo he dicho a nadie y gracias a eso ya he cambiado mi testamento tres veces.

😊

Un hombre entra en la consulta del otorrino.

—Doctor, tengo un problema, oigo a la mitad.

—Eso no puede ser.

—Se lo juro, doctor.

—A ver, repita conmigo. Diga «veinte».

—Diez.

☺

Un señor mayor va al otorrino porque no oye nada. El médico examina su oído y le introduce una pinza para sacar algo que parece que está obstruyéndolo. Al extraerlo, ve que se trata de un supositorio de glicerina. Al verlo, el señor exclama:

—¡Anda! Creo que ya sé dónde tengo mi audífono.

☺

—Doctor, odio a mi padre, a mi madre, a mi hermano, a mi vecino, a mi perro...

—¿Y a mí qué me cuenta?

—¿No es usted el médico del odio?

—No, idiota, del oído.

De siliconas a prótesis dentales...

—Doctor, ¿qué va bien para mis dientes amarillos?

—Una corbata marrón.

—¡Madre mía! Tiene usted la caries más grande que he visto en mi vida, la caries más grande que he visto en mi vida, la caries más grande que he visto en mi vida, en mi vida, en mi vida.

—Bueno, hombre, no hace falta repetirlo tanto.

—No lo he repetido, es el eco, el eco, el eco, eco, eco...

—¿Le ponemos anestesia local?

—Con tal de que no me duela la endodoncia, como si la tiene que importar.

☺

—Debe de ser duro pasar todo el día con las manos metidas en la boca de desconocidos.

—Es fácil si en vez de en la boca te imaginas que la estás metiendo en su cartera.

☺

—Tenemos que extraerle el diente, pero no se preocupe, solo nos llevará cinco minutos.

—Y ¿cuánto costará?

—Cien euros.

—¿Cien euros por cinco minutos de trabajo?

—Si quiere, puedo extraerlo lentamente...

☺

Un dentista habla con su paciente después de la intervención.

—Necesito que me haga un favor.

—¿De qué se trata, doctor?

—¿Podría dar un grito fuerte y doloroso?

—¿Por qué? Si no ha sido para tanto.

—Es que hay tanta gente en la sala de espera que no me quiero perder el partido de las ocho.

😊

Un hombre camina por la calle con un terrible dolor de muelas. De pronto, ve una clínica dental con un cartel que dice: «Extracción de muelas con dolor trescientos euros, sin dolor cien euros». El hombre se queda mirándolo confundido y decide entrar.

—Buenos días, me gustaría sacarme una muela que me está matando.

—¿Con dolor o sin dolor?

—Sin dolor, aquí tiene los cien euros.

—Bien, túmbese en la camilla y abra la boca.

El dentista coge unas tenazas enormes, le pone un pie en el pecho al paciente y comienza a tirar de la muela. El hombre empieza a gritar de dolor y el dentista le dice:

—Mire que le cobramos dolor, ¿eh?

😊

Un camionero entra muy asustado en el dentista y le dice al médico:

—Doctor, me duele la muela mil horrores.

—Veamos, abra la boca.

—Es que me da mucho miedo.

—¿Sabe qué podemos hacer? Le voy a dar esta botella de ron, beba unos cuantos tragos y verá cómo desaparece el miedo.

Al cabo de un rato, el camionero se ha bebido toda la botella y el dentista le dice:

—¿Qué, a que ya no tiene tanto miedo?

—No, pero a ver quién es el valiente que me toca la muela.

😊

Un hombre acude al dentista para hacerse una limpieza y al terminar le dice el dentista:
—Trate de no comer por el centro.
—Tranquilo, voy a comer a casa de mis suegros que viven en la Sierra.

¿Qué premio recibe el dentista del año?

—Una placa.

😊

—Doctor, creo que ése no es el diente que me tiene que quitar.

—Paciencia, que ya llegaremos.

😊

Una mujer va al dentista y cuando el médico se inclina para comenzar la endodoncia, le agarra de la entrepierna y le dice:

—Vamos a tener mucho cuidado para no hacernos daño el uno al otro.

😊

Un hombre está sentado mientras el dentista le examina.

—Abra la boca.

El hombre obedece y el dentista exclama:

—¡No tanto, hombre!

—Pero ¿no tiene que meter las pinzas?

—Sí, pero yo me quedo fuera.

😊

Una mujer, asidua de las revistas del corazón, se hace estirar y retocar todo: la nariz, la piel de la cara, los labios, las orejas, el pecho... Finalmente, el cirujano le pregunta:

—¿Desea la señora algo más?

—Pues sí. Quisiera tener los ojos más grandes y expresivos.

—Nada más fácil que eso, señora —le dice el médico—. Enfermera: ¡traiga la cuenta, por favor!

😊

Una señora de ochenta y cinco años le pide a su cirujano plástico que le quite todas las arrugas que le han salido. El cirujano la mira y le dice:

—Ha llegado usted en el mejor momento. Acabo de inventar algo que le solucionará el problema para siempre. Le pondré un tornillo en la parte superior de su cabeza y cada vez que le salga una arruga lo único que tendrá que hacer es girar poco a poco el tornillo hasta que la arruga desaparezca.

La señora, contentísima, se somete a la intervención. A los dos meses vuelve de nuevo a la consulta.

—¡Usted es el peor cirujano que conozco! Míreme las bolsas que tengo en los ojos. Y no me diga que no le di las suficientes vueltas al tornillo porque ya hasta me duelen los brazos de girarlo.

El doctor la mira con cara de enfado y le contesta:

—¡Pero será bruta! Le dije que lo girara poco a poco. Eso que tiene en los ojos no son bolsas, ¡son sus senos!

☺

Una mujer acude a la consulta de un cirujano plástico.

—Doctor, fíjese, me he despertado esta mañana y he visto que tengo un pecho más grande que el otro. ¿Debería operarme?

—Pero eso es normal, no tiene por qué preocuparse. Déjeme que se los vea... Pues es cierto, tiene uno mucho más grande que el otro, casi le llega hasta el ombligo. ¿Y me dice que ha sido de pronto? Piense si ha hecho algo diferente.

—Nada, doctor, lo único que cambiamos el dormitorio. Y mi marido, como es costumbre, se durmió agarrado a un pecho.

—Pero eso es de lo más normal. Yo también duermo así.

—¿Y su esposa y usted también duermen en literas?

☺

Una mujer de cuarenta y cinco años sufre un infarto y tiene que ser operada de urgencia. Cuando está en la mesa de operaciones tiene una experiencia cercana a la muerte, ve a Dios y le pregunta:

—¿Voy a morir?

—No, aún te quedan treinta o cuarenta años más, así que aprovecha la vida.

Al despertarse, la mujer decide hacerle caso a Dios y se hace un cambio radical de imagen: se opera las cartucheras, las patas de gallo, aumenta su pecho, corrige su nariz, se tiñe el pelo, se hace una reducción de estómago... Y cuando por fin sale del hospital, al ir a cruzar la calle la atropella una ambulancia y muere en el acto. Al llegar al cielo, la mujer pide audiencia con Dios e indignadísima se va a hablar con él.

—Pero ¡¿no me habías dicho que me quedaban treinta o cuarenta años más?!

—¡Vaya! Si es que no te había reconocido.

Un médico se encuentra en su consulta con su bata blanca medio desabrochada, sentado en una silla y lamentándose con la cabeza entre las manos mientras su conciencia le grita:

—¿Cómo has podido acostarte con tu paciente? ¡Eres la vergüenza de este hospital, toda tu ética profesional se ha ido por el desagüe!

El médico, arrepentido, ve que sobre su hombro izquierdo aparece un diablillo con un tridente que le dice muy calmado.

—Mira, Antonio, no seas nenaza y deja de lloriquear. Hay miles de médicos en el mundo que se tiran a sus pacientes o ¿crees que eres el único? Deja de darle vueltas, hombre, que no es para tanto.

El médico levanta la cabeza más tranquilo y se dice:

—Es verdad, tampoco he hecho nada malo...

Entonces aparece sobre su hombro derecho un angelito con unas impecables alas blancas que le dice:

—Recuerda que eres veterinario, Antonio, ¡ve-te-ri-na-rio!

😊

Una mujer acude a su cirujano plástico porque quería reducir el tamaño de sus labios vaginales. Le daba tanta vergüenza que hizo prometer al cirujano que la operación se mantendría en secreto.

Al despertar de la anestesia, ve que tiene tres rosas cuidadosamente colocadas junto a su cama. Pensando que el médico se había ido de la lengua, le hace llamar inmediatamente.

—¡Usted me prometió que no se lo contaría a nadie! ¿Me puede explicar quién ha mandado esas rosas?

—Por supuesto que puedo. La primera rosa es de mi parte. Afrontó toda esta operación usted sola y de alguna manera quería que sintiera mi apoyo. La segunda rosa se la manda mi enfermera, que me asistió durante toda la operación. Quiere mandarle ánimos porque ella misma pasó todo esto años atrás.

—¿Y la tercera?

—Ésa se la manda un hombre que se encuentra en la unidad de quemados. Quiere darle las gracias por sus nuevas orejas.

En esta misma colección:

Ríete con...
los mejores chistes feministas

Se dice que los hombres son como la publicidad, la mayoría de cosas que cuentan son mentira. Pero aquí encontrará toda la verdad sobre el género masculino y podrá reírse con todo aquello que a las mujeres se les ocurre sobre maridos, novios o amantes... Porque en la guerra de sexos todo vale, este libro es una muestra de lo más mordaz, irónico y sagaz que generan los conflictos de pareja.

Ríete con...
los mejores chistes de cornudos

El «cornudo» es objeto de escarnio en la cultura popular desde siempre. Ya sea en la literatura, en el arte o sobre un escenario en forma de canciones. No podía ser menos en una de las manifestaciones populares más comunes y divulgadas que existen: el chiste. De ahí que este libro reúna los mejores chistes de cornudos que garantizan un tsunami de risas.

Ríete con...
los mejores chistes machistas

He aquí una afilada selección de chistes machistas, muy machistas... En este libro encontrará mucho veneno y mucha mala leche por parte de unos hombres que hablan de la relación de la mujer y la cocina, su vinculación con el deporte, el uso que algunas féminas hacen de la tecnología y cómo no, del sexo.

Ríete con...
los mejores chistes breves

Bienvenidos a la más completa selección de chistes breves. Fáciles de memorizar, divertidísimos y variados, le servirán para animar la próxima reunión de amigos. En este libro encontrará apuntes de la vida cotidiana, respuestas ingeniosas a preguntas absurdas, parecidos razonables, diferencias y otras historias que nos harán reír y pasar un buen rato.

Ríete con...
los mejores chistes crueles

Ante usted la más completa selección de chistes crueles. En este libro encontrará crueldades médicas, póstumas, universitarias, familiares, infantiles... todo un universo que especula entre lo macabro y lo "muy bestia". Estas páginas encierran lo mejor—o lo peor— del lado oscuro que todos llevamos dentro.